Couverture inférieure manquante

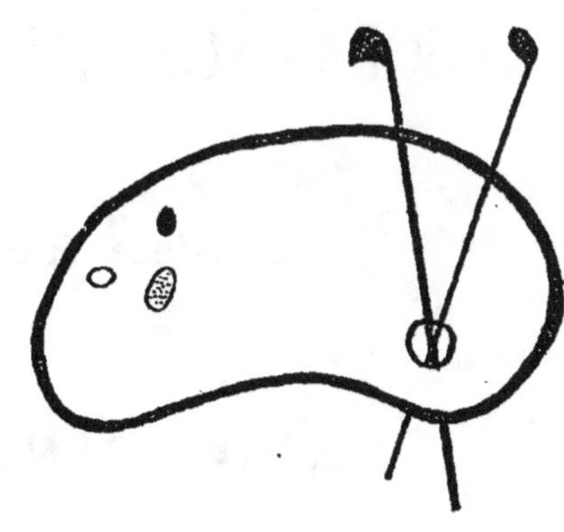

DEBUT D'UNE SERIE DE DOCUMENTS
EN COULEUR

L'ESCLAVAGE AFRICAIN

CONFÉRENCE

SUR

L'ESCLAVAGE DANS LE HAUT CONGO

FAITE

à Sainte-Gudule de Bruxelles

PAR

LE CARDINAL LAVIGERIE

BRUXELLES
AU SIÈGE DE LA
SOCIÉTÉ ANTI-ESCLAVAGISTE
4, MONTAGNE-AUX-HERBES-POTAGÈRES

PARIS
A LA
PROCURE DES MISSIONS D'AFRIQUE
11, RUE DU REGARD, 11

1888

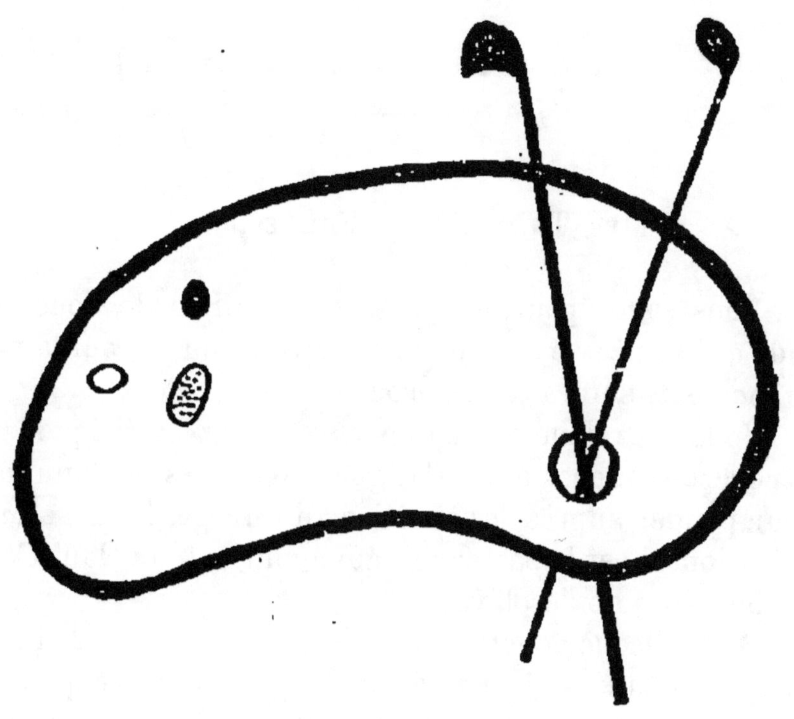

FIN D'UNE SERIE DE DOCUMENTS
EN COULEUR

L'ESCLAVAGE AFRICAIN

CONFÉRENCE
SUR L'ESCLAVAGE DANS LE HAUT-CONGO [1]

PAR

LE CARDINAL LAVIGERIE

MES TRÈS CHERS FRÈRES,

Vous savez pourquoi je suis au milieu de vous. La multitude qui se presse autour de cette Basilique et qui la remplit, en ce moment, suffirait à le prouver.

Vous avez donc entendu parler de ce vieil évêque qui, malgré le poids des années et des fatigues africaines, a voulu tout quitter pour plaider auprès des chrétiens d'Europe, la cause des pauvres noirs dont il est le pasteur et qui agonisent, au Haut-Congo, dans les horreurs de l'esclavage.

Mais puisque vous savez mon histoire et celle de tant de créatures infortunées, je ne veux pas revenir sur ce que j'ai dit ailleurs. Vous pouvez le lire, vous l'avez déjà lu, peut-être, dans mes conférences imprimées de Londres et de Paris. Comme c'est à des catholiques belges que je m'adresse, aujourd'hui, je ne veux leur parler que de ce qui intéresse directement une partie

---

(1) C'est exclusivement du Haut-Congo qu'il est parlé dans cette Conférence, c'est-à-dire de cette partie de l'Etat Indépendant où ne se trouve aucun administrateur, aucun résident européen, en dehors des missionnaires. Là où sont établis des administrateurs belges, c'est-à-dire dans le Bas-Congo, au-dessous de Stanley-Falls et jusqu'à la mer, la chasse à l'esclave n'a pris aucun développement.

de l'Afrique belge : des malheurs de ses noirs livrés à l'esclavage.

Je veux surtout vous expliquer, comment il vous appartient à
vous, catholiques, de remédier à tant de maux, dans un sentiment
de religion, de pitié chrétienne et de patriotisme.

Pour vous y décider, je dois tout vous dire.

Vous ne vous étonnerez donc pas de la liberté de ma parole.
Je suis un missionnaire; je ne prêche que la vérité, comme la
doivent prêcher des apôtres. Je suis sûr, d'ailleurs, quoi que je
puisse vous dire, de ne vous point blesser. - J'en suis sûr parce
que j'aime votre Belgique. Je l'aime pour sa foi généreuse. Je n'ai
jamais trouvé chez elle, depuis de longues années, que des mar-
ques de sympathie et de charité pour mes œuvres. Si donc ce que
vous entendrez peut quelquefois surprendre vos oreilles, vous
comprendrez, au seul accent de ma voix, que je ne veux pas
blesser vos cœurs.

Ce que je dois vous rappeler ou vous faire connaître, n'a rien
d'ailleurs qui sorte des règles ordinaires. Je ne trouve, dans
cette histoire du Congo belge, que ce que je trouve dans les histoires de toutes les nobles entreprises, et je ne puis mieux vous
en donner la preuve qu'en vous montrant comment Notre Seigneur l'a racontée lui-même, il y a bientôt dix-neuf siècles, pour
l'instruction future des peuples chrétiens.

Il a donné à cette leçon la forme d'un apologue. Vous le trouverez, si vous voulez le relire, dans l'Evangile de saint Matthieu.

Notre Seigneur y raconte qu'un homme sortit pour jeter dans
les champs une bonne semence, *bonum semen*, mais la semence
ainsi jetée par lui, ses gens s'endormirent et pendant qu'ils
dormaient *cum autem dormirent homines*, l'ennemi sema
l'ivraie au milieu du bon grain. L'ivraie ne tarda pas à croître de
sorte que les serviteurs s'en effrayèrent et se repentant, sans
doute, de leur négligence, ils se levèrent et dirent: « Voulez-vous
que nous arrachions l'ivraie qui croit au milieu du bon grain? »

Si vous l'entendez bien, c'est ce que je vais, sous des noms
nouveaux, vous exposer aujourd'hui.

L'homme qui jette le bon grain, c'est le prince qui a conçu la noble pensée de semer la civilisation, le progrès, et, dans l'avenir, la richesse, une richesse certaine pour son peuple, dans l'Afrique jusqu'ici barbare. Les gens qui dorment autour de lui, hélas ! c'est vous-mêmes qui ne l'avez pas soutenu toujours comme vous le pouviez, catholiques belges, dans ce qui regarde les œuvres de foi et d'humanité (car ce sont les seules dont je veuille et puisse parler du haut de cette chaire). L'ivraie qui se sème, c'est l'esclavage qui se développe, et paraît prêt à tout couvrir ; enfin, les ouvriers qui se repentent et qui se lèvent pour arracher l'herbe qui a crû, ce sera vous, j'en ai la confiance, Mes Très Chers Frères, lorsque vous aurez entendu ce discours. Mais ne voyez dans mes paroles qu'un seul désir, celui d'éclairer vos consciences et de servir votre honneur chrétien. Tout autre pensée m'est étrangère. Dans ma bouche, la politique, les intérêts humains, même dans des allusions lointaines, seraient contraires aux devoirs de mon ministère sacré.

I.

Je dis donc, tout d'abord, que, comme l'homme de l'Evangile, le prince qui a fondé l'œuvre internationale africaine a jeté une bonne et noble semence. Rien n'est plus facile à établir.

L'Afrique était un monde inconnu et comme perdu pour le genre humain jusqu'au commencement de ce siècle. C'est seulement alors qu'à l'une de ses extrémités, par les entreprises commerciales de l'Angleterre, à l'autre, par les conquêtes militaires de la France, la vie sembla lui revenir. Mais l'intérieur restait toujours un mystère que les explorateurs cherchaient vainement à percer. A une telle tâche des hommes isolés ne pouvaient suffire, quelle que fût leur intelligence et leur audace. Il y fallait une main assez puissante pour réunir ces efforts et c'est votre Roi qui fit dans ce but un premier appel à l'Europe. C'est chez vous, à Bruxelles, que tout ce qui représentait la science, les nobles initiatives s'est réuni, il y a dix années, sous sa présidence, pour aborder l'étude des problèmes africains. L'action n'a pas tardé à se joindre à la pensée. Des explorateurs, des officiers intrépides, plus tard, des administrateurs dévoués et capables se sont offerts, risquant leur vie. Plusieurs sont morts sur ce champ d'honneur. D'autres ont fait des découvertes admirables et la face de notre continent a été changée. Un jour, ce sera la face même du monde, car la quatrième partie de la terre jusqu'alors fermée, s'est ouverte avec ses richesses sans nombre, ses mines, la fertilité de son intérieur, son soleil fécondant, ses eaux abondantes. Mais il ne m'appartient de parler, je le répète, ni de commerce ni d'industrie. Je ne suis que la voix criant au désert : Préparez les voies du Seigneur, c'est-à-dire les voies de la vérité et de la justice. Il ne m'appartient pas non plus, mais pour un autre motif, car ici ce serait justice, de parler, quoique je les aie bien connus, des royaux sacrifices accomplis pour atteindre un tel but.

Mais il m'appartient de constater, parce qu'ils sont publics, et qu'ils se rapportent au sujet que je traite, les mobiles élevés qui ont inspiré votre Roi. « C'est, disait-il dans son invitation aux savants de l'Europe, une idée éminemment civilisatrice et chrétienne : abolir l'esclavage en Afrique, percer les ténèbres qui enveloppent encore cette partie du monde, y verser les trésors de la civilisation (1). » Et dans son premier discours à la conférence internationale il disait encore : « Ouvrir à la civilisation la seule partie du globe où elle n'ait point pénétré, percer les ténèbres qui enveloppent des populations entières (2). » Et enfin, dans l'ordre même de mes préoccupations douloureuses : « L'esclavage, a dit Léopold II, l'esclavage qui se maintient encore sur une notable partie du continent africain, constitue une plaie que tous les amis de la vraie civilisation doivent désirer voir disparaître.

----

(1) Le Roi des Belges dans son invitation à la Conférence.
(2) Le Roi des Belges dans son premier discours, septembre 1876.

« L'Association internationale doit mettre un terme à ce trafic odieux qui fait rougir notre époque (1). »

Quelle entreprise donc pourrait être plus noble, plus humaine, plus chrétienne, plus glorieuse ! A elle seule elle suffit pour assurer à son royal auteur, une place parmi les plus grands bienfaiteurs de l'humanité et les princes chétïens les plus dignes de ce nom.

Aussi, lorsqu'après le congrès de Berlin, les bases des nouveaux Etats de l'Afrique furent posées et l'Etat du Congo reconnu avec son immense étendue, ses brillantes espérances, les représentants des grandes puissances de l'Europe, de l'Angleterre, de la France, de l'Allemagne, furent-ils unanimes à lui rendre hommage, et la Belgique, le plus petit des royaumes européens par son étendue, parut ce jour-là, par l'initiative de son Roi, le plus grand, devant le monde entier.

C'est ainsi que la bonne semence fut jetée. Tout semblait devoir assurer une moisson sans mélange. Mais il en faut revenir maintenant à ma parabole. « *Cum autem dormirent homines,* » dit elle, « pendant que ses gens dormaient ».

Vous avez donc dormi, catholiques de la Belgique ! Vous n'avez pas donné, au point de vue religieux, à celui de la diffusion des lumières chrétiennes, de la lutte contre la barbarie, tout le concours qui était pour vous un devoir. Votre Roi ouvrait devant vous un pays soixante fois plus grand que le vôtre, peuplé, au minimum, de vingt millions d'âmes, au maximum, selon d'autres, de quarante millions. C'etait donc un champ immense d'apostolat et de charité. Y avait-il un but, qui dut exciter davantage le zèle d'un peuple catholique ? Or, je le dis avec tristesse, dans cet ordre d'idées vous n'avez pas assez fait. Je sais bien que tous n'ont pas manqué à leur devoir. J'ai vu six dignes fils de votre Belgique se dévouer à ces pensées de foi ; je les ai vus tomber noblement martyrs de leur courage. J'ai vu quatre prêtres

____

(1) Le Roi des Belges. (Discours de novembre 1876.)

des diocèses de Gand et de Bruges se dévouer, dans la Société des Pères blancs, à ces Missions nouvelles et braver tous les périls aux extrémités du Congo. D'autres se préparent à les imiter. Deux d'entre eux sont auprès de moi sur les marches de cette chaire. Ils seront suivis, ces jours-ci même, par quatre nouveaux apôtres appartenant à une excellente famille de Missionnaires (1). Mais qu'est-ce que tout cela pour ces immenses territoires ?

J'en dis autant pour les ressources nécessaires aux apôtres. Car enfin s'ils donnent leur vie, les chrétiens leur doivent le pain de chaque jour. Je sais encore ici, ce qu'ont fait quelques-uns. Mais noblesse oblige. Vous avez, dans le monde entier, une réputation incomparable de générosité pour toutes les œuvres charitables, trop grande peut-être au gré de quelques-uns, car elle attire chez vous tous les quêteurs, mais pendant que vous sou-tenez ainsi les œuvres chrétiennes sur tous les points de l'univers, vous avez trop oublié parfois la partie de l'Afrique qui porte dé-sormais votre nom.

Ce n'est pas tout; pendant que vous dormiez ainsi, l'homme ennemi, la barbarie qui en Afrique est l'ennemie de tous les efforts de l'Europe, a fait son œuvre. Avec le bon grain, je veux dire avec le progrès de l'organisation matérielle et la préparation des richesses futures dus à l'impulsion du Souverain (2) on a vu l'ivraie croître et menacer de tout envahir.

Ecoutez donc ce que devient, depuis dix ans, une partie de cette terre qui réclamait de vous, à bon droit, les bienfaits de la foi chrétienne. Vous avez pu voir dans les récits des voya-geurs et dans les discours même que j'ai prononcés, à quelles horreurs la malheureuse Afrique est en proie de la part des escla-

---

(1) Celle de Scheut.

(2) On m'a interrogé, de toutes parts, depuis que je suis en Belgique, sur l'avenir de l'Etat Indépendant. Cet avenir est certain et, selon moi, immense, à cause de toutes les sources naturelles de richesses qui s'y trouvent. La meilleure preuve en est dans l'empressement qu'ont mis les puissances de l'Europe à se disputer avec acharnement les régions voisines.

vagistes ; comment des monstres à face humaine, arabes et métis, ensanglantent par le meurtre, ravagent par l'incendie, épouvantent par la chasse et la vente des esclaves, toutes les parties du continent noir : au nord, jusque près de nos frontières sahariennes, dans les royaumes musulmans du Soudan ; à l'est, dans les régions qui avoisinent le Nil et l'Océan Indien ; au Zambèze, dans les pays qui touchent les provinces portugaises et les récentes colonies de l'Angleterre ; autour des grands Lacs de l'intérieur. Mais sur aucun point de l'Afrique, ces horreurs n'approchent de ce qui se passe sur les terres du Haut-Congo. Les explorateurs européens y ont été suivis, en effet, par les esclavagistes en quête d'une proie facile. C'est là que ceux-ci ont tout détruit dans des régions entières où il ne se trouve bientôt plus ni villages ni habitants.

On a récemment dressé, en Angleterre, une carte des pays à esclaves, et on y a distingué leur état actuel par des teintes diverses. Les teintes plus claires indiquent simplement l'existence de l'esclavagisme et de ses forfaits ; les teintes plus obscures marquent qu'il a tout détruit, dans une fièvre de fureur impie. Or il n'y a, dans toute l'Afrique, que cinq provinces marquées de cette couleur de mort, et ces cinq provinces se trouvent sur les rives du Haut-Congo. Je le dis avec une double douleur, Mes Très Chers Frères, car je suis le Pasteur de ces régions perdues et mes Missionnaires ont été les témoins de cette destruction de populations entières par la cruauté des musulmans et des métis.

Mais une affirmation générale ne peut suffire, il faut des preuves pour vous convaincre et vous décider à arrêter le mal sans délai, car l'œuvre de mort se continue et si vous tardez encore, les provinces voisines subiront le même sort.

Ces preuves je ne les emprunterai qu'à des témoins appartenant à la Belgique ou l'ayant servie au Congo.

Le Manyéma est la plus belle des régions récemment dépeuplées par l'esclavage. Livingstone qui l'avait parcouru, peu de temps avant de mourir, décrit ce pays admirable par sa beauté, par son climat, par ses productions naturelles (entre lesquelles on trouve l'or), par la densité de ses villages et de ses habitants.

Stanley raconte que l'un de ses guides lui en rendait le même témoignage (1), et cependant, déjà apparaissait l'action dévastatrice des métis qui avaient fixé leur centre à Nyangwé. Ils y étaient bientôt rejoints par un mahométan fameux, dont le nom deviendra, un jour, je le crains, plus fameux encore. Une fois sous la main des esclavagistes armés, ces villages, ces nègres paisibles, sans autres armes pour se défendre que leurs bâtons et leurs flèches, étaient voués à une destruction certaine. La seule chose qui distingue ici leurs forfaits, c'est leur rapidité sauvage. Les musulmans sont, en effet, sur tous les points de l'Afrique, au nord, à l'orient, au centre, les ennemis des noirs et leurs bandes, pour employer l'expression trop juste d'un écrivain anglais, ont envahi le cœur de l'Afrique avec le dessein délibéré « de changer ce paradis paisible en un enfer. » C'est que pour eux, je l'ai déjà dit ailleurs, mais il faut le répéter sans cesse à l'Europe, réduire le nègre en esclavage est un droit, j'allais presque dire religieux, puisque c'est sur leurs doctrines qu'il repose. Ils enseignent, avec les commentateurs de leur Coran, que le nègre n'appartient pas à la famille humaine, qu'il tient le milieu entre l'homme et les animaux, qu'il est même, à certains égards, au-dessous de ces derniers. Dès lors, s'en emparer, le forcer à servir, est le droit du croyant, et non seulement il n'a pas de remords, mais il trouve une gloire farouche à réduire le noir, comme il y a de la gloire, pour nos chasseurs, à traquer le fauve et à l'abattre. Si le nègre est paisible, on a le droit d'incendier ses villages ; s'il se défend, on a le droit de lui ôter la vie ;

-----

(1) « Maître—disait à Stanley un des capitaines de son escorte—quand je vins ici pour la première fois, il y a huit ans, toute cette plaine entre Mana-Mamba et Nyangoué avait une population si dense, que tous les quarts d'heure nous traversions des jardins, des champs, des villages. Chaque hameau était entouré de troupeaux de chèvres et de porcs. On achetait un régime de bananes pour un cauri (petit coquillage servant de monnaie). Vous pouvez voir vous-même ce que le pays est devenu aujourd'hui. »

(Lettre de Stanley datée de Nyangoué, 28 octobre 1876.)

s'il fuit, on a le droit de le faire périr dans d'horribles supplices pour épouvanter les compagnons de son infortune et les détourner de l'imiter.

Ces droits affreux, les bourreaux musulmans et les brigands qu'ils s'associent, les exercent partout où ils sont les plus forts, depuis les pays soumis aux incursions des Touaregs jusqu'aux bords du Nyassa et du Zambèze, maintenant qu'on les a laissés pénétrer jusque là.

C'est ce qu'on vient de voir, dans lo Manyéma et dans les trois provinces qui l'entourent. A elles quatre, elles avaient plusieurs millions d'habitants, cinq millions, disent les témoins les plus dignes de foi. Aujourd'hui, sauf ceux qui, en petit nombre, ont pu se cacher dans les jungles et échapper à leurs bourreaux, il n'en reste plus un seul. Je me trompe. On a tué les hommes adultes, on a vendu les femmes, mais on a gardé les enfants, je parle de ceux que les esclavagistes ont jugés propres à les aider dans leur métier infâme. Ceux-là ils les élèvent, les forment à l'usage des armes, au vol, au brigandage, et, par une sorte de rage dénaturée, ce sont les enfants des noirs qui, après avoir vu détruire leurs propres villages, massacrer leurs pères, leurs mères, s'en vont maintenant, au loin, assassiner leurs frères, détruire leurs habitations et leurs cultures et faire des esclaves nouveaux.

Phénomène navrant qui peut à peine paraître explicable. L'audace des musulmans s'est accrue en raison de leurs forfaits. Plus ces forfaits augmentent, plus ils devraient, ce semble, redouter le châtiment; c'est le contraire qui arrive. Eux qui tremblaient auparavant pour leurs caravanes à esclaves à la seule présence des Européens, ont peu à peu pris courage et c'est sous nos yeux mêmes que la dévastation marche, chaque jour, avec une hâte qui tient de l'ivresse. Ils semblent craindre que leurs victimes ne leur échappent, par quelque résolution des pouvoirs européens, et ils s'empressent de tout anéantir. Dans ces derniers temps, je veux dire depuis près de deux années, la chasse infâme a pris un tel développement que, dans le Haut-

Congo, tout agonise, c'est l'expression d'un de mes Missionnaires.

Mais ici, Mes Très Chers Frères, et pour vous donner une plus exacte idée de faits sans autre exemple dans l'histoire, il ne suffit plus de résumer, la précision des témoignages est nécessaire. Je citerai donc les paroles de témoins oculaires. Je vous lirai une lettre que je viens de recevoir d'un missionnaire de la station de Kibanga, sur le Tanganika, celle où se trouve précisément un prêtre belge dont vous connaissez le zèle intrépide, l'abbé Vynke. Je l'ai donnée, il est vrai, en note de l'un de mes derniers discours, mais les journaux ne l'ont point reproduite et il faut qu'elle reçoive une nouvelle publicité. Je vais donc la lire, dans cette église, devant ces autels, comme dans les premiers temps du christianisme on y lisait les lettres où l'on racontait les supplices et la mort des martyrs.

« J'avais autrefois, à plusieurs reprises, visité le marché d'Oujiji, mais à cette époque les esclaves étaient peu nombreux, et je n'avais pas vu cet odieux trafic dans toute son horreur. A l'époque de ce dernier voyage, la ville venait d'être inondée, dans toute la force du terme, par des caravanes d'esclaves venus du Manyéma, etc., etc. Les esclaves, en raison du nombre, étaient à bon marché et l'on venait me proposer d'en racheter à vil prix, mais presque tous exténués de fatigue, de misère et mourant de faim ; quelques-uns auraient été même incapables de faire la traversée du lac pour arriver à la Mission. J'étais si pauvre que je dus presque tous les refuser.

« La place était couverte d'esclaves en vente attachés en longues files, hommes, femmes, enfants, dans un désordre affreux, les uns avec des cordes, les autres avec des chaînes. A quelques-uns, venant du Manyéma, on avait percé les oreilles pour y passer une petite corde qui les retenait unis.

« Dans les rues, on rencontrait à chaque pas des squelettes vivants, se traînant péniblement à l'aide d'un bâton; ils n'étaient plus enchaînés parce qu'ils ne pouvaient plus se sauver. La souffrance et les privations de toute sorte étaient peintes sur leurs visages décharnés, et tout indiquait qu'ils se mouraient bien plus de faim que de maladie. Aux larges cicatrices qu'ils portaient sur le dos, on voyait de suite ce qu'ils avaient souffert de mauvais traitements, de la part de leurs maîtres qui, pour les faire marcher, ne leur épargnent pas les distributions de bois vert. D'autres, couchés dans les rues ou à côté de la maison de leur maître, qui ne leur donnait plus de nourriture parce qu'il prévoyait leur mort prochaine, attendaient la fin de leur misérable existence.

« Mais c'est surtout du côté du Tanganika, dans l'espace inculte, couvert de hautes herbes, qui sépare le marché des bords du lac, que nous devions voir toutes les horribles conséquences de cet abominable trafic. Cet espace est le cimetière d'Oujiji, pour mieux dire, la voirie où sont jetés tous les cadavres des esclaves morts ou agonisants. Les hyènes, très abondantes dans le pays, sont chargées de leur sépulture. Un jeune chrétien, qui ne connaissait point encore la ville, voulut s'avancer jusqu'aux bords du lac ; mais, à la vue des nombreux cadavres semés le long du sentier, à moitié dévorés par les hyènes ou les oiseaux de proie, il recula d'épouvante, ne pouvant supporter un spectacle aussi affreux.

« Ayant demandé à un Arabe pourquoi les cadavres étaient aussi nombreux aux environs d'Oujiji, et pourquoi on les laissait aussi près de la ville, il me répondit sur un ton naturel et comme s'il se fût agi de la chose la plus simple du monde : « Autrefois, « nous étions habitués à jeter en cet endroit les cadavres de nos « esclaves morts, et chaque nuit les hyènes venaient les emporter; « mais cette année le nombre des morts est si considérable, que « ces animaux ne suffisent plus à les dévorer, **ils se sont** « **dégoûtés de la chair humaine ! ! !** »

Est-ce assez, Mes Très Chers Frères? Pour exciter votre indignation et votre horreur, oui, sans doute; mais pour la vérité, il faut davantage. Stanley raconte dans son dernier ouvrage, « *Cinq années au Congo* », que la première fois qu'il descendit ce fleuve, il y avait autour de Stanley-Falls, un pays grand, dit-il, comme l'Irlande, et peuplé d'un million d'habitants, et quand il y revint peu d'années après, il trouva le pays désert et ravagé, et il ajoute ce détail, que sur un million d'habitants, les témoins oculaires lui avaient affirmé qu'il n'en avait échappé que cinq mille. Il fait ensuite ce calcul que, sur deux cents habitants, un seul avait échappé à l'esclavage ou à la mort (1).

---

(1) Voici ce qu'écrit Stanley dans son livre : *Cinq années au Congo :*

Le lendemain, nous étions depuis deux heures en chemin, quand le mur de forêts qui bordait la rive présenta une solution de continuité. Je reconnus l'emplacement d'un village que j'avais désigné sur ma carte de 1877, sous le nom de Maouembé. Mais en 1877, la localité était fortement retranchée. derrière des palissades, tandis qu'aujourd'hui il n'y avait plus la moindre hutte. En nous rapprochant, nous pûmes distinguer les débris de quelques bouquets de bananiers, en même temps que les traces des sentiers blanchis qui menaient du bord de l'eau à la petite ville ; mais plus rien ne remuait, plus rien ne vivait en ces lieux. Les haies, les cônes des poulaillers et les toitures basses et larges des maisonnettes qui se dessinaient naguère à l'arrière-plan, tout avait disparu. Arrivés à front de l'endroit, nous reconnûmes les signes d'un récent incendie. Le feuillage, et même les troncs argentés des plus hauts arbres, avaient été roussis par quelque chaleur artificielle ; les bananiers, terriblement clairsemés et endommagés, agitaient tristement leur frondaison déguenillée, comme des pauvres implorant l'aumône.

Alors, nous ralentîmes notre marche, pour contempler à loisir ce tableau et en rechercher la signification.

Six années auparavant, nous étions passés devant cette localité à toute vitesse, sans nous arrêter une fois, voulant déjouer tout projet hostile de la part des indigènes, pour le cas où ceux-ci eussent été mal disposés. Depuis, le village avait cessé d'être, comme s'il n'eût jamais existé qu'en rêve. Que s'était-il donc passé ?

Un peu plus loin, un autre phénomène attira nos regards. Deux ou trois grands canots, dont une des extrémités était fichée en terre, se dressaient tout debout sur la rive, comme des colonnes fendues et creuses. Que pouvait signifier ce fantastique spectacle ? Chacun des canots devait peser, au bas mot, une tonne. Pour soulever pareil poids, il avait évidemment fallu un grand nombre de bras, et des bras robustes encore. Ce n'était point là l'œuvre des nonchalants sauvages aborigènes. Mais alors !.... Eh bien ! il n'y avait que les Arabes qui eussent pu accomplir ce tour de force ; ces canots, droits comme des

Rien de pareil ne s'était vu jusqu'ici, à ce degré, sur aucun point de l'Afrique. Les chiffres de Livingstone et de Cameron,

---

sentinelles, trahissaient l'apparition des chasseurs d'esclaves au-dessous des Stanley-Falls !...

Plus tard, nous apprenons que la ville de Yomburri occupait, précédemment, ce site aujourd'hui désert. En attendant, nous ne tardons pas à apercevoir, sur le même côté du fleuve, une nouvelle scène de désolation et de misère. Ici, c'était une ville entière brûlée, les palmiers abattus, les bananiers ravagés, et le même étrange spectacle de canots dressés de toute leur hauteur. Mais il y avait au moins des êtres humains capables de nous fournir l'explication de ces mystères. Environ 200 indigènes se tenaient en effet accroupis sur la berge devant les décombres. Quelques-uns avaient la tête enfouie dans les mains, d'autres regardaient tristement le vide, d'autres encore, le menton appuyé sur la main, nous dévisageaient d'un air de stupide indifférence. « La cruauté des hommes s'est abattue sur nous », semblaient-ils dire. « Nous avons tout perdu : biens, bonheur, espérance. Quel mal nouveau pourriez-vous nous faire ? Nous avons tant souffert que vous ne pourriez imaginer des supplices plus cruels. »

Je donnai ordre à Youmbila d'interroger ces malheureux. Alors, un vieillard, qui paraissait accablé de désespoir, se leva et commença à nous raconter l'histoire de leurs malheurs avec une extrême volubilité.

Le village avait été envahi à l'improviste par une bande d'hommes qui faisaient retentir les ténèbres de leurs clameurs féroces et d'une assourdissante fusillade. Ces brigands avaient égorgé tous les habitants qui tentaient de s'échapper des huttes en feu ; pas un tiers de la population mâle n'avait eu la vie sauve, et le plus grand nombre de femmes et d'enfants avaient été enlevés et emportés Dieu sait où.

— Et dans quelle direction ces malfaiteurs se sont-ils éloignés?

— Ils ont remonté le fleuve. Il y a de cela huit jours.

— Ont-ils incendié tous les villages?

— Tous sans exception, des deux côtés de la rivière.

Dans la matinée du 17 novembre, nous nous attardions sur la rive à couper du bois, lorsque nous aperçûmes sur le fleuve un objet couleur d'ardoise qui descendait avec le courant. L'*En-Avant* gagna le large et un de nos hommes arrêta l'épave avec une perche à sonder. Horreur! c'étaient deux cadavres de femmes, liés ensemble par une corde!... Et, à en juger par l'état des deux corps, le drame ne remontait qu'à douze heures au plus !...

qui faisaient déjà frémir, n'étaient que peu de chose à côté de celui-ci. Ils disaient : cinq hommes, dix hommes tués pour un

---

Tout en cherchant à nous expliquer ce crime atroce, nous continuâmes à longer la rive, jusqu'à l'extrémité supérieure de la courbe que décrit le fleuve au-dessus de Yavounga. A peine eûmes-nous contourné ce croissant que nous vîmes une masse d'objets blancs amassés devant le débarcadère d'un village. A l'aide de mes jumelles, je reconnus des groupes de tentes. Nous avions rejoint les Arabes de Nyangoué.

Une lutte terrible se livre en moi. Pendant un instant je me sens irrésistiblement poussé à châtier les auteurs de tant de massacres et de forfaits. Le souvenir des maisons veuves de locataires, des habitants arrachés à leurs demeures et de ce pauvre vieillard si éloquent en sa douleur et de ces cadavres de femmes pourrissant au milieu du fleuve, — ce souvenir affreux semble avoir une voix et crier vengeance.

Et cependant la réflexion me vient. De quel droit me ferais-je le justicier de l'Afrique ? Et à quoi bon faire justice ? Tous ces crimes diaboliques sont consommés ; les cendres des habitations brûlées se sont refroidies, le sang répandu a déjà séché sur le sol. Pourtant ! . . . pourtant les captifs sont toujours entre les mains de leurs ravisseurs, il y a encore là des douleurs toutes fraîches à soulager, des larmes dont la source est loin d'être tarie. D'ailleurs, à quoi nous servira plus tard cette fertile région si nous souffrons que des barbares viennent la dévaster, la mettre à feu et à sang, la dépouiller de toutes ses richesses ?

Débarqués, nous établîmes notre camp un peu au-dessous du camp arabe ; et quelques minutes plus tard nos employés zanzibarites échangeaient force poignées de main avec les Manyemas, esclaves d'Abed-ben-Alim, qui avaient envahi et ravagé la région pour en rapporter de nouveaux esclaves et de l'ivoire à leur maître.

Cette horde de bandits — car elle ne méritait pas d'autre nom — opérait sous le commandement de plusieurs chefs, dont Karema et Kibourouga étaient les principaux. Elle avait quitté, seize mois auparavant, la ville de Ouané Kiroundou, située à environ cinquante kilomètres de Vinya Njara.

Pendant onze mois, la bande avait mis à sac toute la région qui s'étend entre le Congo et le Loubiranzi, sur la rive gauche. Et elle s'était engagée à faire la même monstrueuse besogne entre le Biyerré et Ouané Kiroundou. En étudiant ma carte, je découvre que la région ainsi dévastée, sur la rive droite et la rive gauche, occupe une superficie de plus de 55,500 kilomètres carrés — soit 3,200 kilomètres carrés de plus que l'Irlande — et qu'elle a une population d'environ un million d'âmes.

esclave ; et, sur le Congo, Stanley dit « deux cents »! Ah ! Mes Très Chèrs Frères, on a vanté la largeur des eaux de ce fleuve,

---

. . . .

Leur camp était établi à environ 125 mètres du nôtre et protégé par une haie construite avec les débris des maisonnettes de Yangambi, brûlées par eux. Au milieu de l'enclos, s'élevaient des rangées de hangars qui couvraient un espace d'une centaine de mètres, et devant le débarcadère je comptai cinquante-quatre canots capables de contenir, selon leur dimension, de dix à cent personnes chacun. Le camp est littéralement bondé de monde. De tous côtés, des groupes de noirs, immobiles ou errant, silencieux et mornes, tranchent sur les costumes blancs des Arabes ; on aperçoit sous les hangars des corps nus, étendus dans toutes les postures ; d'innombrables rangées de jambes appartenant à des malheureux endormis ; des petits enfants dont les formes naissantes indiquent encore à peine leur sexe ; et çà et là un troupeau de vieilles femmes entièrement nues, ployant sous des paniers de charbons, ou des tas de cassave ou de bananes, et conduites par deux ou trois bandits armés de carabines. En examinant le tableau de plus près, je m'aperçois que la plupart de ces infortunés sont chargés de chaînes ; les jeunes gens ont autour du cou des carcans que des anneaux retiennent à d'autres carcans, de sorte que les captifs marchent par groupes de vingt. Les enfants de plus de dix ans ont les jambes attachées par des anneaux de cuivre qui gênent tous leurs mouvements, les mères par des chaînes plus courtes qui festonnent leur sein et y maintiennent les enfants en bas âge. Pas un homme adulte parmi ces prisonniers.

De leur propre aveu les ravisseurs d'esclaves n'ont actuellement avec eux que 2,300 captifs. Et cependant ils ont parcouru comme un fléau, tuant et détruisant sans pitié tout ce qu'ils rencontraient, un pays aussi étendu que l'Irlande ; 118 villages, représentant quarante-trois communautés plus vastes, ont été ravagés, et cette œuvre d'extermination n'a rapporté aux exterminateurs que 2,300 esclaves femmes et enfants et environ 2,000 défenses d'ivoire. La quantité de lances, de sabres, d'armes de toute espèce qui font partie du butin indique que des centaines d'hommes adultes sont morts en combattant. En supposant que chacun des 118 villages n'ait eu qu'une population de 1,000 personnes, les Arabes n'en ont enlevé que deux pour cent, et en faisant la part des accidents qui surviendront pendant le voyage de Kiroundou et de Nyangoué, des effets qu'exerceront les tortures de la captivité et les maladies épidémiques engendrées par la malpropreté et les privations, on peut calculer que ces sanglantes aventures n'auront donné qu'un bénéfice de un pour cent à leurs tristes héros.

mais elles auraient pu tarir, et en réunissant tout ce sang versé on l'aurait vu, un moment, continuer à rouler les mêmes flots.

Mais ceci n'est encore que le nombre des victimes. Il faut surtout parler de leurs souffrances. Ce que je vais dire est affreux, il est vrai, mais cela est nécessaire. Pour sauver l'Afrique intérieure, il faut soulever enfin la colère du monde.

Inutile de vous parler des horreurs sans nom de la chasse à l'esclave et de la marche des caravanes ; des incendies allumés dans les jungles, pour forcer ceux qui fuient à se livrer aux bourreaux ; de la faim de ceux qu'on laisse de longs jours sans nourriture ; des pieds déchirés, ensanglantés par les marches cruelles, je l'ai déjà décrit, vous pourrez le lire dans mes précédents discours (1).

Ces misérables m'assurent que plusieurs convois d'esclaves, tout aussi nombreux que celui-ci, sont déjà arrivés à Nyangoué. Cinq expéditions sont venues et reparties avec un butin de captifs et d'ivoire, et ces cinq expéditions ont épuisé et vidé le vaste territoire au milieu duquel nous voyageons. Pour le moins, les brigands ont captivé 10.000 esclaves. Et la moitié de ceux-ci ayant péri en route, il n'en est arrivé à Nyangoué, Kiroundou et Vibondo que 5,000 environ, soit un demi pour cent de la population. Et que de sang versé, que d'existences brisées, pour obtenir ce résultat !

Dressons cet affreux bilan :

Dans les 118 villages mentionnés plus haut, les Arabes ont fait 3,600 esclaves. Il leur a fallu tuer, pour cela, 2,500 hommes adultes pour le moins, et, de plus, 1,300 de leurs captifs ont succombé en route au désespoir et à la maladie. Etant donnée cette proportion, la capture des 10,000 esclaves par les cinq expéditions d'Arabes n'a pas coûté la vie à moins de 33,000 personnes !... Et encore, quels esclaves que ceux que je vois là enchaînés, et pour lesquels frères, pères et maris ont répandu leur sang !... De faibles femmes, de tout petits enfants !... Pour jeter dans les fers un garçon de quatre ans, on a sacrifié des familles entières de six personnes !

(Stanley. Cinq années au Congo. Chapitre XXVI, pages 454-460.)

(1) Voici comment je m'exprimais dans ma conférence faite à Saint-Sulpice.

Mais ce n'est pas seulement aux individus isolés qu'ils s'attaquent : ils organisent leurs expéditions comme on organise une guerre, tantôt

Mais on a dit que, du moins, une fois dans la maison de leurs maîtres, le sort des esclaves africains est plus doux. Je l'ai dit

---

seuls, tantôt, par un raffinement de scélératesse, alliés à des tribus voisines auxquelles ils offrent leur part du pillage et qui le lendemain deviennent leurs victimes, à leur tour. Ils tombent ainsi la nuit sur les villages sans défense ; ils mettent le feu aux huttes de pailles. Ils déchargent leurs armes sur les premiers qu'ils rencontrent. La population commence à fuir, cherchant le salut dans les bois, au milieu des lianes impénétrables, dans les lits desséchés des rivières, dans les hautes herbes des vallées. On la poursuit, on tue tout ce dont on ne peut pas tirer parti sur les marchés de l'intérieur : les vieillards, les hommes qui résistent; on prend les femmes et les enfants. Mais j'ai décrit déjà ces horreurs. Je me lasse de leur chercher des expressions nouvelles. Ecoutez, Mes Très Chers Frères, ce triste tableau, que j'ai fait ailleurs, des caravanes qui entraînent les esclaves :

Tout ce qui est pris est immédiatement entraîné, hommes, femmes et enfants, vers un marché de l'intérieur.

Alors commence pour eux une série d'ineffables misères. Les esclaves sont à pied ; aux hommes qui paraissent les plus forts et dont on pourrait craindre la fuite on attache les mains et quelquefois les pieds, de telle sorte que la marche leur devient un supplice, et sur le cou on place des cangues à compartiments qui en relient plusieurs entre eux. C'est la description que nos Pères en font dans leurs lettres.

On marche toute la journée. Le soir, lorsqu'on s'arrête pour prendre du repos, on distribue aux prisonniers quelques poignées de sorgho cru. C'est toute leur nourriture. Le lendemain, il faut repartir.

Mais dès les premiers jours, les fatigues, la douleur, les privations en ont affaibli un grand nombre. Les femmes, les vieillards s'arrêtent les premiers. Alors, afin de frapper d'épouvante ce malheureux troupeau humain, ses conducteurs s'approchent de ceux qui paraissent les plus épuisés, armés d'une barre de bois, pour épargner la poudre ; ils en assènent un coup terrible sur la nuque des victimes infortunées, qui poussent un cri et tombent en se tordant dans les convulsions de la mort.

Le troupeau terrifié se remet aussitôt en marche. L'épouvante a donné des forces aux plus faibles. Chaque fois que quelqu'un s'arrête, le même affreux spectacle recommence.

Le soir, en arrivant au lieu de la halte, après les premiers jours d'une telle vie, un spectacle non moins horrible les attend. Ces marchands moi-même pour les contrées musulmanes de l'Asie. Mais dans l'intérieur de l'Afrique, dans les territoires dont je parle et qui

---

d'hommes ont acquis l'expérience de ce que peuvent supporter leurs victimes. Un coup d'œil leur apprend quels sont ceux qui bientôt succomberont à la fatigue. Alors, pour épargner d'autant la maigre nourriture qu'ils distribuent, ils passent derrière ces malheureux, et d'un coup les abattent. Leurs cadavres restent où ils sont tombés, lorsqu'on ne les suspend pas aux branches des arbres voisins, et c'est près d'eux que leurs compagnons sont obligés de manger et de dormir.

Mais quel sommeil ! on peut le deviner sans peine. Parmi les jeunes nègres arrachés par nous à cet enfer et rendus à la liberté, il y en a qui se réveillent, chaque nuit, pendant longtemps encore, en poussant des cris affreux. Ils revoient, dans des cauchemars sanglants, les scènes abominables dont ils ont été les témoins.

C'est ainsi que l'on marche, quelquefois pendant des mois entiers, quand l'expédition a été lointaine. La caravane diminue chaque jour. Si, poussés par les maux extrêmes qu'ils endurent, quelques-uns tentent de se révolter ou de fuir, leurs maîtres féroces les frappent du glaive, et les abandonnent ainsi, le long du chemin, attachés l'un à l'autre par leurs cangues. Aussi a-t-on pu dire avec vérité, que, si on perdait la route qui conduit de l'Afrique équatoriale aux villes où se vendent les esclaves, on pourrait la retrouver aisément par les ossements des nègres dont elle est bordée.

Enfin, on arrive sur le marché, où on conduit ce qui reste de ces pauvres noirs après un tel voyage. Souvent c'est la moitié, le tiers, quelquefois moins encore, de ce qui a été capturé au départ.

(Conférence faite à Saint-Sulpice par S. E. le cardinal Lavigerie, sur l'esclavage africain, pages 7, 8 et 9.)

J'ai dit à ce sujet dans mon discours de Londres :

Ecoutez le procédé que les esclavagistes emploient pour les *rabattre les esclaves*).—C'est un terme impie, mais c'est l'excès même de la cruauté qui force la langue à user pour l'homme des termes jusqu'ici réservés aux auves ; — c'est du reste l'usage de l'Afrique intérieure : les noirs eux-mêmes, quand ils ont des esclaves, ont adopté les termes des esclavagistes et ne leur donnent pas d'autre nom ; **ma bête, mon animal**, disent-ils.

La troupe infernale entoure donc les grandes herbes où les naturels se sont réfugiés et y mettent le feu. L'incendie est vite allumé dans les sont maintenant connus sous votre nom, le nom d'un peuple chrétien, leur sort n'est pas moins horrible que dans les caravanes ou sur les marchés. Je n'irai pas bien loin chercher mes preuves, je ne vous parlerai au milieu de tant d'autres faits dont nous avons été les témoins (1), que de faits que j'ai appris

pays du soleil. Bientôt ce sont de toutes parts des cris de terreur et de désespoir, et tout ce qui n'est pas atteint par la flamme, étouffé par la fumée sort, en fuyant, de ce foyer ardent et tombe entre les mains des bourreaux qui attendent, pour tuer les uns et enchaîner les autres. Vous trouverez des récits semblables dans vos explorateurs et vous ne vous étonnerez plus si les provinces populeuses et fertiles du cœur africain sont, l'une après l'autre, réduites en solitudes désolées où les ossements seuls des habitants témoignent désormais que l'activité humaine, la paix le travail ont été là.

(Discours de S. E. le Cardinal Lavigerie à Londres, p. 13 et 14.)

(1) Voici ce que le P. Moinet, missionnaire à Kibanga dans le Tanganika, écrit sur une scène d'esclavagisme dont il a été témoin :

Kibanga, 3 décembre 1887.

Fête de saint François-Xavier.

Vers midi nous commençons à voir sur les collines qui entourent notre station des nègres qui semblent fuir en se dirigeant vers notre tembé. Les premiers arrivés nous apprennent qu'un chef métis esclavagiste de l'est du Tanganika vient de fondre sur la contrée. Beaucoup d'indigènes éloignés de la Mission se sauvent chez nous, avec tout ce qu'ils possèdent.

Tout d'abord nous croyons que ce n'est qu'une fausse alerte comme il en arrive souvent dans ces contrées, mais vers trois heures nous voyons défiler au loin, vers l'est, une troupe de métis et de nègres armés, sur les hauteurs qui se trouvent en deçà de la rivière Louvou, limite du terrain de notre Mission. Tous nos néophytes fuient en toute hâte chez nous.

En effet, ce sont les soldats de Mohammed, qui viennent faire leur razzia, comme ils font dans tous les pays qui nous environnent; nous apprenons qu'ils viennent de saisir deux de nos enfants. Aussitôt toutes les mesures de prudence sont prises ; le tembé est fermé et des munitions sont distribuées au nègres de notre village, dont une vingtaine vont avec le T. R. P. Supérieur et le Père Vyncke au-devant des

hier même, dans votre Bruxelles, de témoins oculaires revenus
du Congo. Ils sont ici et peuvent me démentir. L'un d'eux m'a

---

pillards pour les arrêter et leur demander compte de leur invasion sur
le terrain de la Mission, pendant que les autres, avec le P. Guillemé
et le F. Jérôme, gardent la maison et rassurent les fugitifs. Arrivée
à environ 250 mètres de notre enceinte, notre avant-garde se trouve
en présence des Rouga-Rouga qui ont passé, drapeau rouge en tête,
à travers les villages, fait main basse sur tout ce qu'ils ont trouvé,
choses et gens, et sont en train de poursuivre quelques fuyards éperdus
dans les hautes herbes d'une vallée.

L'effectif de notre personnel dans notre enceinte murée se composait
d'environ cent hommes armés de fusils (dont une dizaine à tir rapide mais
avec peu de cartouches), près de deux cents sauvages avec des lances,
de trois à quatre cents femmes et autant d'enfants y compris notre orphe-
linat, total : environ mille personnes.

Nous voilà donc sur le qui-vive et à garder notre colline, nous mettant
nous-mêmes sous la garde de Dieu. Mais la nuit approche ; les Wangwana
ne trouvant plus personne sur leur passage occupaient sans coup férir
les villages environnants, et immédiatement ils se mettaient à faire main
basse sur tous les objets qui se trouvent à leur portée. Nous les voyons
du haut de notre butte attraper les volailles, arracher les cultures et
voler tout ce qu'ils trouvent, dans les cases, et que les pauvres habitants
n'ont pu emporter dans leur fuite précipitée. Nous aurions pu les inquié-
ter dans leur pillage en leur envoyant quelques projectiles avec les fusils
à longues portée, mais nous préférions savoir enfin à quoi nous en tenir
pour nos chrétiens et parlementer avec eux. Ils repondirent à notre appel
cette fois-ci et dirent qu'ils étaient bien les hommes de l'Arabe Mohammed et que leur chef de troupe n'allait pas tarder d'arriver. En
effet, ce lieutenant arriva vers six heures et demie, et ne pouvant venir
lui-même jusque près de nous, à cause d'un mal de jambe vrai ou pré-
texté (on ne sait trop ce qu'il faut croire quand un Mgwana parle), il
nous envoyait un billet pour nous dire que son maître avait reçu de Saïd
Bargash des instructions pour ne pas piller chez les blancs, et que sa
troupe venait simplement battre les nègres du pays. En même temps il
nous envoyait une femme indigène (la belle-mère d'un de nos chrétiens)
qui avait été capturée dans un des villages, et nous disait que le lendemain, de bonne heure, on arrangerait bien toutes les affaires.

Enfin, nous savons à quoi nous en tenir pour nos gens, et nous les
rassurons en leur disant de bien prier pour qu'il n'y ait pas de guerre ;

rapporté que le jour même de son arrivée sur les terres du Congo belge, au Tanganika, un chef arabe était mort. Or il avait

---

mais nous faisons bonne garde avec nos hommes et prenons toutes les précautions possibles pour être à l'abri d'un coup de main ou de la trahison, dont ces sauvages métis mahométans seraient bien capables.

Au soir, nous assistons dans le pays qui nous environne au triste spectacle d'une razzia d'esclaves ; partout on voit flamber les villages, les gens se sauver sur le lac. Les Rouga-Rouga reviennent chargés de poulets, de chèvres, de paquets de poissons, de moutama, etc., etc. Une troupe d'une trentaine de brigands parcourt sous nos yeux les collines et les bas-fonds de la rivière Maongolo où sont cachés de pauvres fuyards ; **ils reviennent au soir avec les femmes et les enfants liés !**

C'est un spectacle affreux ! On voudrait pouvoir fusiller sur place ces ignobles bandits sans foi ni loi qui volent ainsi des créatures humaines pour les plonger dans le double esclavage de l'âme et du corps. Nous aurions peut-être la chance de délivrer beaucoup de malheureux en permettant à nos gens armés de sauter sur cette troupe de démons incarnés, mais ce serait la guerre ouverte, et la Mission serait perdue.

Hélas ! quand donc un pouvoir européen quelconque voudra-t-il détruire cette maudite traite des esclaves et tous les maux qui en sont le triste cortège ! Il suffirait d'un détachement de cinquante soldats européens bien armés et acclimatés pour anéantir, en quinze jours de temps, toute cette vilaine troupe (un ramassis de deux à trois cents brigands) qui fait la terreur de tous les pays, depuis Tabora par Oujiji jusqu'au Manyéma, et sur tout le Tanganika jusqu'à l'Albert-Nianza.

Si la conférence de Berlin et les démarches des consuls n'ont pu amener que de si maigres résultats, il faut reconnaître que le prestige de l'Europe ne doit guère briller aux yeux des indigènes qui espéraient voir disparaître les traitants avec toutes leurs infamies.

Mais qu'y pouvons-nous faire, pauvres missionnaires, sinon prier Dieu pour la pauvre race noire et pour ses pires ennemis qui sont les Arabes et les métis ! Mais qu'il est horrible de voir ces chasses à l'homme !

Au soir de ce triste dimanche qui ne s'effacera jamais de notre mémoire, le cœur plein de ces pensées, le T. R. P. Supérieur envoie le père Vyncke au camp arabe pour demander qu'on mette au plus tôt fin à ces indignes vexations, que la troupe déguerpisse au plus vite et qu'on laisse rentrer nos nègres chrétiens dans leurs villages où on a détruit presque toutes les plantations. Le chef arabe, qui est incapable de faire respecter l'ordre dans les rangs de ces coquins, promet de partir demain matin de bonne heure, et nous laisse racheter, parmi les victimes de la chasse de cet après-midi, vu vingt esclaves enterrés vivants avec leur maître. Personne ne s'en émouvait. C'est l'usage du pays, disait-on. Il n'est que

---

les femmes et les enfants dont nous pouvons payer la rançon. Tout ce que nous avons y passe. Jugez de la joie des élus qui peuvent rentrer dans leurs foyers, mais aussi du désespoir des pauvres malheureux qui ne peuvent participer à la délivrance et qui sont emmenés de force, enchaînés à leurs cangues, au milieu de leurs cris de désespoir! Oh! que n'avions-nous de quoi les délivrer tous !

Lundi, 5 décembre.

Encore une fois, Dieu soit loué !... Ce matin, à sept heures, les oppresseurs, les meurtriers infâmes de notre paisible population sont partis et nous ont quittés à travers une pluie battante, emportant l'exécration de tous les indigènes. Ils étaient près de trois cents en tout, une troupe comme celles qui viennent de la côte avec tambour et drapeau, portefaix, femmes et enfants, etc... La caravane des esclaves suivait tristement. Une pauvre vieille emmenée en captivité, passant à côté du bon Frère Jérôme, veut s'attacher à ses habits et lui crie de la sauver ; mais il n'y peut rien et elle est entraînée comme une bête de somme, la corde au cou... Il ne restait plus rien pour la racheter... Le défilé a été assez long, l'arrière-garde est restée jusqu'après la pluie ; nous ne leur souhaitons ni adieu ni au revoir. Ces horribles sangsues sont tombées maintenant sur l'Oubembé où on voit de loin s'allumer les incendies.

Ces tristes expéditions sont de véritables pompes pneumatiques de l'Enfer ; elles font le vide autour de nous, tous les villages où nous allions encore hier faire le catéchisme sont maintenant de vastes déserts.

Une pauvre femme de celles que les Rouga-Rouga avaient prises, vient de mourir sous nos yeux. Elle s'était débattue en criant lorsqu'on l'avait arrêtée, ne voulant pas se laisser enchaîner ; alors un de ces brigands lui avait déchargé un coup de pistolet dans le sein. Elle tomba mortellement blessée. Elle était enceinte et peu après elle accouchait d'un enfant mort. Elle-même se tordait dans d'atroces douleurs ; nous la prîmes et l'emportâmes dans le tembé. Elle connaissait déjà un peu la religion, nous lui parlâmes du ciel et du baptême. Elle accepta celui-ci, le reçut et cessa de se plaindre. Elle est morte! O Dieu! qui nous délivrera de tant d'horreurs !...

(Lettre du *R. P. Moinet, de la Société des missionnaires d'Alger*, à Kibanga, près du lac Tanganika.)

Conférence faite à St-Sulpice par S. E. le Cardinal Lavigerie sur l'esclavage africain. (Pièces justificatives n° 2, pages 28, 32.)

trop vrai, et cet affreux usage est toujours debout. Un de mes missionnaires, qui est venu me retrouver ici, me disait de son côté, qu'un jour un chef voisin de sa mission, pour l'engager à le visiter et à se fixer près de lui, lui promettait de faire brûler vivantes, en son honneur, devant sa hutte, huit de ses femmes esclaves. Il s'étonnait de l'indignation du prêtre à une proposition si horrible, tant elle lui paraissait naturelle. Enfin, car je veux en finir, près du Tanganika, il y a un autre chef, un monstre. On l'appelle le roi Wemba, du nom de son territoire, et il est, comme par une sanglante ironie, amateur de musique autant qu'il est amateur de sang. Or sa musique principale, un peu comme partout dans notre Afrique, ce sont les tambours. Mais il trouve les baguettes en bois trop dures pour son oreille, et afin d'avoir des sons plus doux il en a voulu de nouvelles. Pour cela il a fait couper les mains des esclaves destinés à son abominable orchestre, afin qu'ils battent leurs instruments avec leurs moignons.....

Et vous trouveriez que ce n'est pas mon devoir de Pasteur de mettre un terme à de semblables infamies ! Des sages m'ont représenté que je me tue, avec mes voyages et mes discours. Mais je ne me tairai et ne m'arrêterai point. J'ai fait le serment de David, j'ai fait le vœu de ne plus donner de repos ni à mes pieds ni à ma voix, jusqu'à ce que j'aie soulevé d'indignation, sur ces horreurs de l'Afrique, l'univers chrétien tout entier.

Et je n'ai pas tout dit. Je n'ai pas parlé des esclaves encore transportés à l'heure présente dans le nord de l'Inde, au Golfe Persique, en Arabie, dans les îles de l'Océan Indien. La traite maritime est abolie pour l'Amérique. Dans l'Océan Indien lui-même les vaisseaux britanniques ferment la voie aux barques arabes, mais les dahous (c'est leur nom) ont là de faibles distances à parcourir. Ils ont pour eux les ténèbres de la nuit et, à leur faveur, ils échappent souvent, aux poursuites.

C'est ainsi qu'on trouve encore les esclaves, tellement pressés, qu'il semblent ne plus former qu'une masse unique, enfoncés dans des cales obscures où, pour les cacher aux croiseurs, on les

étouffe en les couvrant de tout ce qui peut dissimuler leur présence, ou on va même jusqu'à les coudre dans des voiles ou dans
des sacs, et ainsi liés, mourant de faim et de soif, les vivants attachés aux morts, la petite vérole et la lèpre achevant l'œuvre
infâme, ceux qui survivent, vont enfin peupler les harems des
musulmans de l'Asie.

Mais les souffrances et la mort de tant d'êtres humains ne sont
pas encore le pire. Le pire c'est la dissolution sociale qui en est la
conséquence, parce que pour entretenir la chasse, il faut entretenir
les divisions, les haines parmi les chefs noirs et changer en un
désordre affreux, la vie patriarcale dont ils vivaient.

Que faire donc, en présence d'un tel spectacle? Une parole fameuse
peut résumer le sentiment dont je voudrais vous voir animés tous.
C'est la parole d'un roi, d'un roi de la Gaule Belgique, né près de
vos aïeux, à Tournai, peut-être, où son père est mort. Clovis donc,
pendant qu'on l'instruisait de la foi chrétienne et qu'on lui racontait la Passion du Sauveur et les cruautés des déicides, « Ah !
s'écria-t-il tout d'un coup, en tirant sa framée, que n'étais-je là avec
mes Francs ! » Fils de Clovis, Belges catholiques, Jésus-Christ
est crucifié encore une fois sur les plateaux de l'Afrique dans la
personne de ces millions de noirs. Les cruautés ne sont pas moins
grandes, l'abandon est le même ; répétez, répétez la parole de
votre vieux roi et soyez là avec votre courage et avec votre foi !

II

Mais, que viens-je donc pratiquement demander de vous ?

Permettez-moi d'en préciser maintenant les conditions et de
vous montrer comment rien n'est plus simple en soi et ne peut
être plus efficace.

Dans mes conférences passées en France et en Angleterre, j'ai
dû me tenir dans les vues générales, parce que, là, l'heure de l'action décisive ne me paraissait pas venue. Je me suis contenté d'y
exposer ma pensée principale à savoir que c'est aux gouverne-

ments européens qu'incombe le devoir de supprimer l'esclavage, dans cette Afrique dont ils se sont emparés, et que ce n'est qu'à leur défaut qu'il y faut employer les associations privées. Chez vous, c'est différent : vous êtes en présence de provinces qui agonisent, pour répéter la parole que je vous ai déjà dite, en vous parlant du Haut-Congo. Il faut donc leur venir sans retard en aide, et agir non pas demain, mais aujourd'hui, sous peine de voir tout périr. Du reste en répondant à cet appel, vous répondrez aux désirs de votre Roi, et non seulement à ses désirs, mais à ses lois mêmes. Il me suffira pour vous le prouver de vous lire ces deux articles de l'Acte Constitutif approuvé par Lui, à Berlin, pour la fondation de l'Etat du Congo, et accepté ensuite par toute l'Europe comme base de la Constitution des nouveaux Etats africains.

Voici l'article sixième de cet Acte fondamental.

« Toutes les puissances exerçant des droits de souveraineté ou une influence dans les dits territoires, s'engagent à veiller à la conservation des populations indigènes et à l'amélioration de leurs conditions morales et matérielles d'existence et à concourir à la suppression de l'esclavage et surtout de la traite des noirs : elles protègeront et favoriseront, sans distinction de nationalité ni de cultes, toutes les institutions et entreprises religieuses, scientifiques ou charitables créées et organisées à ces fins (1). »

Et maintenant voici l'article neuvième, plus explicite encore quant à l'abolition obligatoire de l'esclavage.

« Conformément aux principes du droit des gens, tels qu'ils sont reconnus par les Puissances signataires, la traite des esclaves étant interdite et les opérations qui, sur terre ou sur mer, fournissent des esclaves à la traite

---

(1) Acte général de la Conférence de Berlin. Chap. I, art. 6.

devant être également considérées comme interdites, les Puissances qui exercent ou qui exerceront des droits de souveraineté ou une influence dans les territoires formant le bassin conventionnel du Congo, déclarent que ces territoires ne pourront servir ni de marché, ni de voie de transit pour la traite des esclaves de quelque race que ce soit. Chacune de ces Puissances s'engage à employer tous les moyens en son pouvoir pour mettre fin à ce commerce et pour punir ceux qui s'en occupent (1). »

Tout ce que l'on peut désirer est là. La prohibition formelle de la traite, le châtiment de ceux qui la pratiquent, la liberté et la protection de toutes les œuvres chrétiennes établies pour l'abolir. En France et en Angleterre j'ai rappelé les conventions du Congrès de Vienne et de la Conférence de Vérone, où la Belgique d'ailleurs n'assistait pas. Ici je n'en veux même pas parler. L'Acte Constitutif du Congo est plus formel encore.

Mais avec une telle loi, comment expliquer ces provinces dévastées, ces malheurs des noirs, tels, selon l'expression d'un écrivain anglais « qu'on n'en trouve point de pareils sous le ciel ? » Comment, Mes Très Chers Frères ? D'une manière bien simple mais qui, hélas, retombe encore sur vous en partie; c'est que les gouvernants ne peuvent tout faire, que leurs ressources si larges qu'elles paraissent, s'épuisent, enfin, que, lorsqu'ils ont fait tout ce qu'elles permettaient, ils s'arrêtent par un principe de sagesse et de justice distributive. Il leur suffit, pour avoir rempli leur devoir, d'avoir ainsi indiqué le but et montré le chemin de l'honneur. Quand ils ont fait tout ce qui est en eux, c'est aux peuples à suppléer à leur glorieuse impuissance et quand il s'agit d'une œuvre religieuse, comme celle-ci, aux catholiques. Et vous, chrétiens de la Belgique, rappelez-vous l'apologue du Sauveur: *Cùm autem dormirent homines.* Ne pouvant faire tout à la fois,

---

(2) Acte général de la Conférence de Berlin. Chap. II, art. 9.

ayant obtenu trop peu de vous, il a fallu concentrer tous ses efforts sur le Bas-Congo, laisser, pour un temps, le Haut-Congo sans un seul administrateur belge et en fin de compte abandonner ainsi, momentanément, à «l'ennemi» cette portion de l'Etat Indépendant. C'est ainsi que l'ivraie a pu être semée, mais devant cette marée sanglante qui monte, je viens, moi, comme Pasteur, faire ce qu'un autre ne peut faire et vous crier avec l'Apôtre : il faut sortir de ce sommeil qui vous déshonorerait désormais.

Cet appel je l'adresse du haut de cette chaire à l'opinion de la Belgique entière, afin qu'elle se fasse entendre;

A ceux qui ont l'autorité, afin qu'ils prennent la mesure vraiment efficace et vraiment simple qui peut tout arrêter ;

Aux jeunes hommes afin qu'ils soutiennent, par leur dévouement personnel, les mesures décrétées par le pouvoir ;

A la charité des chrétiens afin qu'ils prennent assez sur leur superflu pour permettre à ces croisés nouveaux de se rendre au combat et, s'il le faut, au martyre.

Mon premier appel est donc à l'opinion. Elle est la reine du monde. Tôt ou tard, elle force tous les pouvoirs à la suivre et à lui obéir. Mais, chez vous, l'opinion n'a pas suffisamment parlé jusqu'ici.

Acceptez-vous encore, Belges chrétiens, de recevoir plus longtemps, sans frémir, les échos de ces boucheries ? Acceptez-vous que des milliers de créatures humaines soient ainsi réduites en esclavage, privées de leur liberté, ce premier bien de l'homme, entraînées au loin sur les marchés où elles agonisent, entassées dans de noirs bateaux, dispersées aux quatre vents du monde musulman, les mères séparées des enfants, pour servir, les uns et les autres, à de honteuses débauches ? Acceptez-vous que des provinces entières soient dépeuplées ?

Disons tout. Voulez-vous en porter le déshonneur devant l'histoire ? Voulez-vous qu'un jour Dieu vous réclame le sang de vos frères ? Voulez-vous qu'au jour des justices Il vous dise, comme Il en menace dans son Evangile : « Loin de moi ! car j'ai été opprimé, et vous n'êtes point venu à mon aide ; j'ai été enchaîné, et vous ne m'avez pas délivré ; j'ai été torturé, et vous n'avez pas eu pitié de moi ; on a versé mon sang, et vous l'avez laissé couler. »

Ah ! sans doute, vous pourrez répondre comme il vous le suggère Lui-même :

« Et quand donc, Seigneur, vous avons-nous vu dans l'oppression, dans l'esclavage, dans les tortures, dans le sang ? »

Mais il Lui suffira de dire pour vous confondre : « C'est avec les noirs, avec vos noirs, que j'ai souffert et que vous m'avez abandonné. »

Enfin, Mes Très Chers Frères, avez-vous oublié, comme saint Paul vous l'enseigne— c'est la règle de la solidarité chrétienne — que quand un membre souffre dans ce corps immense de l'humanité, tous les autres lui doivent compatir? Avez-vous le sentiment de la liberté, de la dignité, de la grandeur de notre nature ? ou êtes-vous nés pour accepter que l'on s'endorme sous le joug de l'esclavage ? Peuple de la Belgique, tu es le dernier, ce semble, à qui de semblables questions puissent être adressées ! L'amour de la liberté, la noble fierté humaine, tu les a montrés à toutes les pages de ton histoire, et si tu es aujourd'hui un peuple libre, jouissant de tous les droits de la conscience, tu le dois à l'horreur de la servitude et au sang que tu as versé pour ton indépendance !

Je ne veux donc pas croire que ces sentiments d'indifférence existent dans le cœur d'un seul d'entre vous, lorsqu'il s'agit des souffrances, de la servitude et de la mort de tant de millions d'hommes. C'est donc à vous que je fais appel ; vous avez une voix, roulez-la comme un tonnerre jusqu'à ce qu'elle soit écoutée. C'est à ceux surtout qui parlent tous les jours à leur pays et aux diverses fractions qui le constituent, que je m'adresse en ce moment. Membres de la presse belge, que je suis heureux de voir dans cet auditoire, je sais ce qui, sur d'autres points, vous divise et ce qui sépare de moi plusieurs d'entre vous; mais ici il ne peut y avoir de divergences, cette cause est de celles sur lesquelles nous sommes tous d'accord, parce que c'est la cause de la pitié, de la justice et de la liberté. Servez d'écho aux voix plaintives qui vous arrivent d'au delà des mers. Ce sont celles de deux millions d'hommes qui périssent, chaque année, sur toute la surface de l'Afrique. Imitez vos frères de l'Angleterre. J'arrive de ce grand pays. Moi, cardinal catholique, j'ai parlé au milieu d'auditeurs protestants, dans ce costume qui, il y a un siècle, aurait été couvert de leurs huées : mais dans cette pourpre qui couvre mes épaules, ils ont vu, sans doute, le sang de tout un continent pour lequel je venais implorer leur pitié, et ils m'ont entouré de leurs sympathies et de leur respect. Je ne sache pas un seul journal de Londres qui n'ait joint sa voix à la mienne. Il en sera de même dans votre Belgique !

Si un peuple peut parler tout entier, il ne peut tout entier se déplacer et combattre. Il lui faut des volontaires qui s'offrent et combattent pour lui. Ce sont eux que je cherche maintenant du regard parmi vous.

Mais avant de m'adresser à eux laissez-moi protester tout d'abord, puisque j'ai parlé de combat et que je propose une croisade, contre une conséquence qui en a été faussement tirée. On a dit : Vous demandez l'emploi de la force, et par conséquent une nouvelle effusion de sang ! Jusqu'ici c'était la main des Arabes ou de leurs auxiliaires qui le répandait, vous y voulez, de plus, la main des chrétiens. A la vérité, si ce malheur était temporairement nécessaire, je ne reculerais pas devant une si douloureuse nécessité ; car le sang jusqu'ici répandu à flots est le sang innocent, le sang des petits et des faibles, et maintenant le sang des bourreaux qu'il faudrait répandre est le sang d'affreux criminels.

Ce que je demande est du reste tout le contraire, et ici j'oserai donner le conseil de mon humble mais longue expérience à ceux qui exercent l'autorité. Il leur est facile de rendre impossible, dans l'intérieur de l'Afrique, la continuation de l'effusion du sang, en prenant une mesure infaillible, qui ne dépend que de leur volonté. C'est la mesure que la France a prise avec succès dans sa colonie musulmane de l'Algérie. Elle lui doit d'y garder la paix entre tant de races diverses : cette mesure est d'enlever aux Arabes et aux métis qui sont dans l'intérieur, le droit d'y porter désormais les armes.

On demandait un jour à un musulman esclavagiste comment il pénétrait dans le cœur de l'Afrique et quel était le souverain de ce pays. « Le souverain de l'Afrique intérieure, répondit-il en montrant son fusil, c'est la poudre ! »

Jamais réponse ne fut plus vraie et si ceux qui gouvernent ces immenses territoires ne le comprenaient pas, ils y verraient régner la barbarie.

Donc interdire le port des armes à feu, et, par conséquent, celui de la poudre aux Arabes et aux métis, qui seuls dirigent en Afrique la chasse à l'esclave, les punir, s'ils ne se soumettent pas, du bannissement immédiat, c'est tout le sang que je demande. Le bras des princes a, sans doute, le droit de le répandre pour le salut social, mais l'Eglise ne le peut jamais et selon la maxime d'un de nos plus saints évêques de France, c'est en sachant mourir et non en versant le sang que la religion de Jésus-Christ s'est établie dans le monde.

Je le répète, défense aux Musulmans de porter, dans un Etat où d'ailleurs ils ne sont que des étrangers, des armes dont ils font cet horrible usage, le bannissement s'ils désobéissent, et, en peu de temps, tout l'intérieur de l'Afrique européenne sera débarrassé des trois ou quatre cents démons (ils ne sont pas davantage, en tout, dans toute l'Afrique intérieure, sachez-le) qui, assistés des noirs qu'ils ont formés et qu'ils traînent après eux, l'oppriment, la désolent et la couvrent de sang humain. J'en dis tout autant pour les nègres instruits à l'assassinat et je n'admettrais, du reste, personne, si j'avais une autre autorité que celle de la prière, à porter les armes dans le Congo belge, que ceux qui en auraient reçu mission ou du moins autorisation formelle de l'Etat. C'est là un principe de droit public. En Belgique et en France on le pratique à l'égard même de ceux qui ne poursuivent que d'innocents oiseaux, et dans l'Afrique, par une aberration lamentable, on ne l'imposerait pas à ceux qui pratiquent publiquement la chasse impie !

C'est maintenant que je m'adresse à vous, jeunes gens qui voudrez entrer dans cette croisade. Pour assurer l'exécution d'une telle mesure et imposer ainsi la paix, le Gouvernement du Congo a besoin d'une force qui l'appuie, non pour verser le sang, comme vous venez de le voir, mais, au contraire, pour l'arrêter. Il ne peut pas espérer que les esclavagistes arabes ou métis, que les nègres qu'ils entraînent obéissent à sa loi et se désarment d'eux-mêmes. Il faut à côté d'eux une force qui leur inspire enfin la crainte et les fasse obéir.

Si les troupes belges pouvaient légalement être envoyées au Congo, elles suffiraient à ce rôle.

Mais votre constitution l'interdit et on ne peut espérer y avoir d'autres Européens que des volontaires. Il faut donc qu'il se trouve parmi vous des chrétiens vaillants, prêts à tout sacrifier, même la vie, pour arrêter ce sang qui coule à flots. Il faut que par amour de l'humanité, ils renoncent aux joies de la famille, de la patrie, de leur Belgique, pour aller au nom de leur Dieu faire cesser tant et de si affreuses misères.

Où les demanderai-je avec plus de confiance que dans ce pays de la générosité chrétienne (1)? Je n'ai point, en effet, de compensations humaines à leur offrir, ni dignités, ni honneurs, ni richesses, mais seulement la récompense que Dieu réserve à ceux qui ont tout sacrifié pour leurs frères ; à savoir : la joie ineffable d'avoir sauvé la vie de son semblable aux dépens de sa propre vie. En sauver un seul, c'est déjà mériter cette pure joie, mais en arracher des millions à une telle mort, que ne serait-ce pas ! surtout au moment de finir !

Ces héros, je n'en demande du reste en ce moment qu'un petit nombre, cent suffisent pour délivrer les provinces du Haut-Congo. Les contrées qu'il faut préserver, à coté du Manyéma et du Tanganika, envoient en ce moment tous leurs esclaves aux rives

---

(1) On connaît la parole de saint François-Xavier écrivant à saint Ignace et lui demandant des missionnaires pour ses missions périlleuses : *Da mihi Belgas !* Envoyez-moi des Belges, disait-il.

de l'Océan Indien et sur les marchés de l'Ounyanyembé ; il suffit de fermer aux esclavagistes la route des caravanes pour rendre, impossible la continuation de leur commerce. Or le lac Tanganika, avec ses cinq cents kilomètres, suffit à barrer le chemin, s'il est bien défendu. Il ne faut qu'un vapeur armé sur ses eaux, des troupes volantes à ses extrémités et, pour cela, cent Européens suffisent(1),en leur adjoignant,pour former des milices régulières, les noirs déjà chrétiens ou catéchumènes de nos missions.

Mais si le nombre est faible, en revanche, la qualité doit être excellente.

Entendez ceci, jeunes gens. Il ne s'agit pas d'envoyer, au milieu des noirs, des hommes qui cherchent les aventures ou qui fuient les conséquences de celles qu'ils ont pu avoir. Le remède serait plus dangereux que le mal. L'immoralité, l'indiscipline, le scandale, car tout cela va bientôt de concert, accompagneraient ces prétendus volontaires et nous reverrions les désordres qui ont désolé longtemps l'Amérique. Ce qu'il faut donc, ce sont des hommes, dignes, non seulement par leur courage et leur vigueur, mais encore et surtout par leurs vertus, par leur foi, par une vie tout entière sans reproche, d'une mission aussi noble.

Du reste, un règlement complet et précis fera bientôt connaître toutes les conditions pratiques de ces engagements (2).

---

(1) C'est le même chiffre que le commandant anglais Cameron, qui a été sept ans en Afrique, demande à l'Angleterre pour protéger la région du Nyassa.

(2) On a parlé de la reconstitution pour l'Afrique, d'un ordre militaire, celui de Malte. On en a même prêté la pensée au Vicaire de Jésus-Christ. Rien n'est plus faux ; il n'a, je n'ai moi-même, jamais eu cette pensée. Nous laissons à l'avenir le soin de décider s'il se présentera, après expérience faite, des vocations de ce genre et ce qu'il conviendrait de faire pour elles. Mais le temps presse et je ne demande aux catholiques belges, qu'une simple milice chrétienne, librement formée, pour défendre comme on l'a vu, en Europe, dans nos dernières guerres, sous l'autorité de Dieu, des lois et de ceux qui gouvernent en leurs noms, l'honneur du nom chrétien, de leur patrie et de l'humanité.

J'ajoute que l'ancienne route de Zanzibar, qui a été si funeste à nos premiers missionnaires, peut être désormais remplacée pour arriver aux hauts plateaux par une route plus courte et plus commode. Par le fleuve Zambèze et son affluent le Chiré, on parvient sur des bateaux, sans fatigue et sans forêts fiévreuses jusqu'au nord du lac Nyassa et une fois là on est sur le plateau même du Tanganika, où l'air est pur, le climat tempéré, la route unie, et voilà pourquoi, la perte d'une partie des hommes ne menaçant plus, comme par le passé, les voyageurs européens, on peut se borner, pour commencer, à un nombre suffisant pour tenir tête, avec le concours des noirs chrétiens, aux esclavagistes arabes ou métis de cette région spéciale qui, à coup sûr, n'atteignent pas cent et ne peuvent rien que par les noirs qu'ils enrôlent.

Mais le dévouement de nos volontaires chrétiens restant libre et n'ayant point de relations avec l'Etat, en dehors de l'obéissance aux lois, que celui-ci jugera convenable d'établir, et à son autorité souveraine, les volontaires ne recevront rien de lui. D'autre part, votre Roi ne peut, sans imprudence et sans injustice pour les siens, rien ajouter à ce qu'il a personnellement fait déjà. Ils devront donc tout recevoir des chrétiens, et c'est là que je vous demande, pour réparer dignement le sommeil du passé, de vous associer tous, généreusement, catholiques belges, à une si noble entreprise.

C'est vous, qui devez, en ce moment, fournir ce qui sera nécessaire à ces croisés de la miséricorde et de la piété. J'ouvre, aujourd'hui même, une souscription générale du haut de cette chaire et je m'inscris en tête, malgré ma pauvreté, en ma qualité de pasteur. Je vais, en descendant, remettre mon offrande à M. le curé de Sainte-Gudule. Je fais un appel spécial à vos journaux en leur demandant d'inscrire dans leurs colonnes, lorsque le moment sera venu, les noms de tous les souscripteurs. Ce sera comme le livre d'or de cette croisade nouvelle. On retrouve aujourd'hui, avec orgueil, sur le marbre ou dans nos histoires, les noms des anciens croisés. Vos descendants liront, un jour, avec la même joie, les noms de ces croisés nouveaux.

La première liste sera publiée dans huit jours. D'ici là, je prie tous ceux qui désirent donner l'exemple, de vouloir bien, soit remettre à M. le curé de Sainte-Gudule, soit m'adresser directement à moi-même, ce dont ils veulent disposer. Je leur fais remarquer que ce ne doit pas être là une aumône ordinaire et que pour équiper, armer, envoyer en Afrique et y entretenir des soldats, il faut des sommes considérables. Pour une troupe de cent hommes et l'achat du vapeur qui leur est nécessaire sur le Tanganika, un million, au moins, est nécessaire. C'est beaucoup demander, sans doute, mais on trouvera que c'est peu lorsqu'avec ce million on peut sauver un million de créatures humaines.

Et maintenant je n'ajouterai rien, sinon qu'il va se former à Bruxelles une Société Nationale Anti-Esclavagiste, par conséquent composée uniquement de Belges, tous connus de vous par leurs sentiments élevés et par leur patriotisme. Elle sera libre et indépendante comme celle de l'Angleterre. C'est cette Société qui, par un Conseil Directeur et des Comités d'action prononcera sur les demandes d'engagement; c'est elle qui statuera sur les règlements intérieurs qui seront, pour le bon ordre, imposés aux volontaires; c'est elle enfin qui recevra les offrandes souscrites par vous et qui en disposera par ses votes, de sorte que tout sera vraiment aussi national que chrétien, dans cette entreprise, et que, dès lors, comme je le demande à Dieu, les bénédictions du Ciel en reviendront à tout le peuple belge.

J'ai été bien long, Mes Frères, mais on parle longuement (les vieillards surtout), de ceux qu'on aime, et j'aime les pauvres noirs, dont je suis le pasteur.

Un dernier mot seulement pour finir.

En me rendant tout à l'heure dans cette église, j'ai passé devant la statue de ce grand Godefroi de Bouillon, qui a été le chef de vos croisés d'un autre âge. Je me suis souvenu que quand il partit pour délivrer les chrétiens de la Terre Sainte opprimés par les Sarrazins et venger le tombeau du Sauveur, il était suivi de quatre-vingt mille Belges, conduits par les comtes de Flandre et de Hainaut et tout ce que comptait d'illustre la chevalerie de ce temps. Je me suis souvenu de l'enthousiasme de leur foi, de leur abnégation, de leurs sacrifices, de leurs souffrances, de leur mort. Mais en même temps je me suis rappelé leur gloire. Godefroi, malgré sa piété, aurait-il ce nom dans l'histoire et cette statue lui aurait-elle été élevée par vous au centre de votre capitale, s'il n'avait tout sacrifié dans un sentiment de foi sublime? Dieu le veut ! Dieu le veut ! disait-il, avec tout son peuple fidèle, mais il parlait ainsi d'un maître qui ne se laisse point vaincre en générosité et qui récompense comme seul il peut le faire, ceux qui ont tout sacrifié pour lui; c'est la même récompense qu'il réserve à ceux qui concourront à votre croisade nouvelle, et pour gage de cette récompense, je vous donne à tous, en ce moment, au nom du Vicaire même de Jésus-Christ, dont je suis ici l'humble organe, ma bénédiction paternelle. Ainsi-soit-il.